Ja til forsoning

19 salmer om morgen, fortrydelse, søgen og håb

Merete Bandak

Ja til forsoning

19 salmer om morgen, fortrydelse, søgen og håb

Af samme forfatter

Fra januar til december, 12 månedssalmer 2022, BoD
- 1. bog i serien 'Salmer på vej'

Drik af mit egeblad, 13 salmer om natur, klima og handling 2022, BoD
- 2. bog i serien 'Salmer på vej'

Erantislygten, 18 salmer fra advent til kyndelmisse 2023, BoD
- 3. bog i serien 'Salmer på vej'

Påfugleblå, 15 salmer med fugle og farven blå 2023, BoD
- 4. bog i serien 'Salmer på vej'

Musvågevingen, 20 salmer om jordskælv, død og nyt liv 2023, BoD
- 5. bog i serien 'Salmer på vej'

Gud, ord og himstregimser, familieoplæsningsbog, 2022, Forlagsgruppen Lohse

Et håb på størrelse med en myg, roman, 2018, Forlaget eksistensen

Salmer i salmedatabasen Salmer.dk

Ja til forsoning, 19 salmer om morgen, fortrydelse, søgen og håb 2023, BoD
- 6. bog i serien 'Salmer på vej'

Sat med skriften Bookman Old Style
Forlag: BoD - Books on Demand, Hellerup, Danmark
Tryk: BoD - Books on Demand, Norderstedt, Tyskland
ISBN: 9788743056263

En rose er rød som frelserens blod
der dryppede ned ved korsets fod
og magten er ikke i magtpolitik
men rummes i frelserens kærlige blik
At møde det blik og sætte sin lid
til Gud og hans magt er liv al tid

Ånd kærlighed ind, sæt kærlighed fri
sig ja til forsoning, nej til krig
Plant roser og gød dem og spred dem i dag
og vift med forsoningens rød-hvide flag
Ja gå kun i tro, den tro holder ud
der bæres af kærlighedens Gud

Velkommen indenfor ...

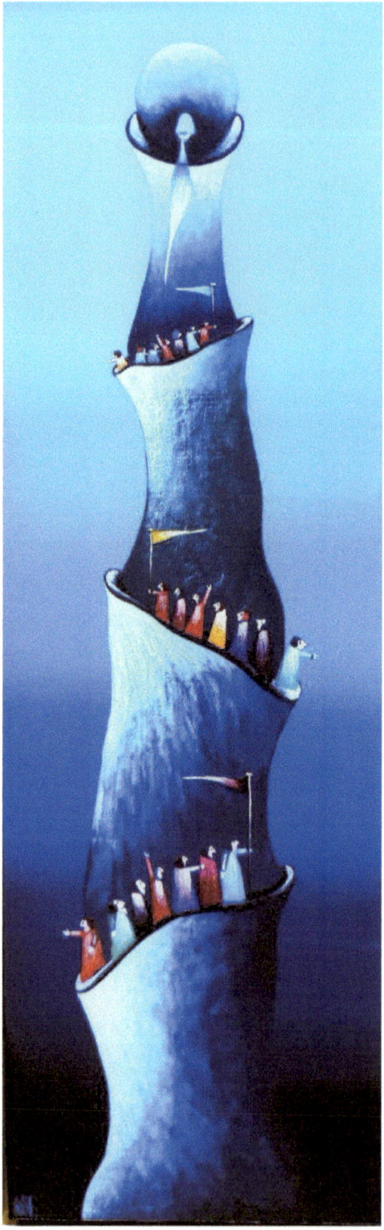

1. Du lever! Luk dit øje op
og hils på morgenstunden
En dag er født
og smiler blødt
og blinker til din tunge krop
og kysser dig på munden

God morgen, Gud, du tænder lys
og lader blodet rulle
og skaber lyst
til dåd og dyst
og celler der faldt hen, fornys
og varme gror af kulde

Og gader fyldes af trafik
en kamp hvor nogen taber
Hvert lyssignal
og hver pedal
er livlig puls, er rå musik
er sang til dagens skaber

Du vågned selv som barn engang
i Betlehem i stalden
Da kom der lys
til lands, til bys
og englesang i hyrdevang
til fårs og køers kalden

Vi lever! Og vi synger med
og takker for det hele
Du gav dig hen
du er vor ven
du er vort lys og liv og fred
Den glæde vil vi dele

2016

2. Go' morgen, by
Go' morgen, børn og bus
bagagebærer, brandstation
bodega, spiritus
I dag står solen op igen
og rammer kirkens tårn
og vinden blafrer, suser om
til vasketøj't i gård'n

Go' morgen, sol
Go' morgen, fra din sky
du finder os og kaster lys
på alle i vor by
på den der sover på en bænk
på den der går med hat
på dem der kysser i en dør
på den der er forladt

Go' morgen, vind
Go' morgen, dit humør
er stjernesundt og skubber rundt
med folk og gir kulør
til pølsemand og vegetar
til pusher og til præst
politiker og proletar
til værste og til bedst

Du soles sol
Go' morgen fra din by
Du varmer os med kærlighed
og vækker liv på ny
Fra kirken lyser du din fred
i hjerter og i hjem
og puster Helligåndens vind
på pande og på kind

Go' morgen, Gud
Vi synger dig en sang
og ber dig: Fyld den med din ånd
så den bliver rund af klang
og blafrer rent som vasketøj
og dufter af ozon
og svæver som en luftgondol
til himlens nådestol

2019

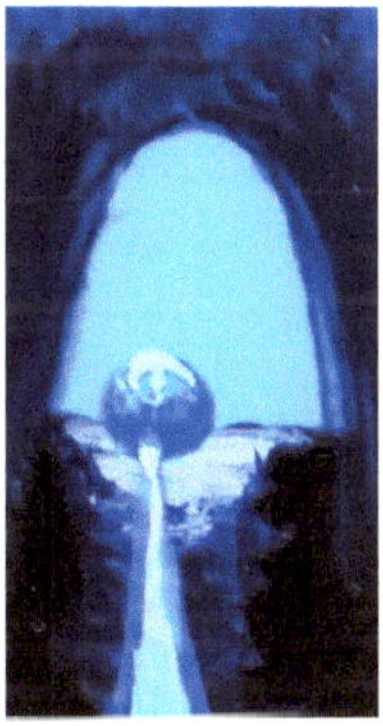

3. Fortroligt slår du teltet op
over jordens kugle
Vi skuer over træets top
og nattens ugle
en talløs stjernevrimmel
en astrofysisk hilsen fra din himmel
Tag nådigt mod min munds ord
herre Gud
og mit hjertes tanker
Du er min trygge klippegrund, mit anker

Nu trækker mørket sit gardin
bort fra solens øje
og teltet farves karmoisin
på hav og høje
En cykeltur begynder
Se, solen træder op og hjulet nynner
Tag nådigt mod min munds ord
herre Gud
og mit hjertes tanker
Du er min trygge klippegrund, mit anker

Du sagde selv engang: Bliv lys
universets opsang
og hørte verdens morgennys
det kom fra Big Bang
Det giver hjertefreden
at du har hånd om hele herligheden
Tag nådigt mod min munds ord
herre Gud
og mit hjertes tanker
Du er min trygge klippegrund, mit anker

Så syng da, Jord, en morgensang
Syng om lysets gave
om solens kurve dagen lang
om lys i alle grave
Vi tror at lyset vinder
og den der søger tror vi altid finder
Tag nådigt mod min munds ord
herre Gud
og mit hjertes tanker
Du er min trygge klippegrund, mit anker
Salme 19

2023

4. Gud, giv os ørenlyd
salmer og hjertensfryd
engle der stiger og daler
bønner der flyver som svaler
rumklang og ærlighed
muldjord og kærlighed

Gud, giv os priklejord
hjerter hvor frøet gror
frodigt og stille i mørke
tillid der vokser trods tørke
Kys os med himmelgus
Favn os med elskerknus

Hvisk dine elskerord
ømt så vi ægte tror
vi er i samme familie
båret af kærligheds vilje
Korset er offersted
frihed og hjertefred

Frugtavler eviggod
vand vores hjerterod
Vingårdens gartner og ejer
negene bukker og nejer
Alle og alt er dit
avlet og dyrket frit

2023

5. Din kirke, Gud, er fællesskabets hjerterum
med lys og liv fra alle soles sol
Vi drikker saften af dit evangelium
når regnen falder fra din prædkestol

Vi plukker frugter frit fra livets æbletræ
ser himlens fugle flyve frit omkring
På alterringens grønne eng vi bøjer knæ
og henter vand fra dybe kildespring

Vi vandrer ud i verden i dit ansigts lys
og bærer lyset med i sind og ånd
Lad fred og mildhed sprede sig til lands, til
bys
og fjender give slip og give hånd

Du, alle solopganges lys og æbletræ
du, elsker af det mindste frø på jord
giv ly i krigens skygge, kriseramte læ
lad paradisets glæde blive stor

2023

6. Æsel, æsel
lad mig være æsel
det æsel de lagde deres kapper på
for at bære
bære dig, min herre
ind i Jerusalem den store by

Luften, luften
lad mig være luften
den luft som du ånder i lungen ind
for at lytte
lytte til dit hjerte
hjerte og smerte og til kærlighed

Råbet, råbet
lad mig været råbet
det råb som har genkendt Guds ansigtstræk
Hosianna
anna, Hosianna
Fredsfyrste, Evig Gud og Davids Søn!

Bjælken, bjælken
lad mig være bjælken
den bjælke de bankede naglen i
for at kysse
kysse dig på hånden
blodrød af smerte og hengivenhed

Graven, graven
lad mig være graven
den grav som de lagde dit legeme i
for at føde
føde dig min herre
uovervindelig til evigt liv

Universet
hele universet
planeter, kometer, engle, stjernestøv
lad os synge
synge til din ære
Jesus, Mirakelgud og Kærlighed!
2019

7. Træet står med nøgen krop
og sin gyldne dragt om foden,
sorte grene stritter op,
blikket sænker sig mod roden

Ribes med sin røde pisk
minder om en torturering,
stribesår der lyser frisk
på en vintergrå radering

Berberis med flammeskrift
staver modigt til forsoning.
Blodet drypper fra en rift
i en pandes tornekroning

Kendt med sygdom, ét med skam
svigtet, ydmyget og såret.
Ecce homo! Se Guds lam!
Mine smerter har han båret

Livets bøgetræ, vi tror
du vil grønnes påskemorgen
og for hver der tror dit ord,
evigt overvinde sorgen
2013

8. Jeg bringer frem i bøn til dig
min lille tro
en ringe gave
og ber dig giv mig lov at bo
igen hos dig
i fred i paradisets have

Jeg ved det godt, det er for tyndt
at be en bøn
og tro det bedste
Her kommer den fortabte søn
jeg vender hjem
med brændte broer til min næste

Og Gud du ser at jeg har glemt
hvordan man ber
men hør min stammen
Jeg orker ikke flakke mer
jeg kommer her
med fattig bøn om nåde, amen

Jeg hører hvert et råb om hjælp
for jeg er Gud
for alt det skabte
Om du går ind, om du går ud
er jeg din Gud
med frelserhjerte for fortabte

Jeg elsker dig og ved om alt
hvad der var før
af tab, laviner
Se paradisets åbne dør
her er dit hjem
Jeg bygger slotte af ruiner
2020

9. Forsinket, fordømt, fordærvet, forladt
forvirret, forlist i bælgmørk nat
som skib uden årer, mobil uden net
som kunde i kø med ugyldig billet
Hvor køber man mad, hvor findes der vand?
Hvor finder man vej til åbent land?

Er kærlighed kun en drøm for en stund
et svigefuldt kys med lunken mund
Er tiden forbandet som død poesi
tilfældige timer der snart er forbi
Er stræben omsonst, går alting mod nul
skal livet begraves i et hul?

At tælle til en, at tælle til to
at høre en røst med myndig ro
at mærke at vand blir forvandlet til vin
at bygninger rejses af deres ruin
at høre sit navn, at mærke den favn
kan mere end fylde alle savn

En rose er rød som frelserens blod
der dryppede ned ved korsets fod
og magten er ikke i magtpolitik
men rummes i frelserens kærlige blik
At møde det blik og sætte sin lid
til Gud og hans magt er liv al tid

Ånd kærlighed ind, sæt kærlighed fri
sig ja til forsoning, nej til krig
Plant roser og gød dem og spred dem i dag
og vift med forsoningens rød-hvide flag
Ja gå kun i tro, den tro holder ud
der bæres af kærlighedens Gud

2018

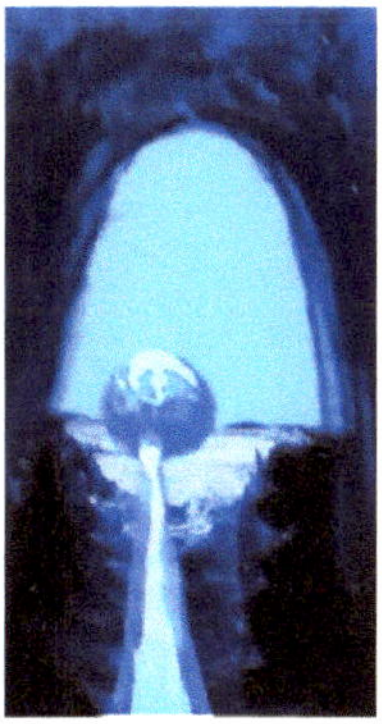

10. Gud, jeg flygter fra i går
mærker ridserne i lakken
Skal jeg høste som jeg sår
bør jeg komme ned med nakken
Rens mit hjerte, vend mig om
Skån mig for retfærdig dom
Hør jeg ber: Hold mig i live
Husk du elsker at tilgive

Vend mit hjerte om, forlad
ja forlad mig skyld og skade
Bliv dog hos mig, gør mig glad
Lov du aldrig vil forlade
mig i udsat ensomhed
Lad mig aldrig synke ned
i min egen afmagts mørke
Du min kilde midt i tørke

Jeg står gusten og fortabt
over nedrige motiver
foran dig som alt har skabt
og som var og er og bliver
Jeg vil ikke flygte mer
husker på hvordan du er:
Rig på troskab, sen til vrede
Du min trøster, du min glæde

2020

11. Du som dømmer mildere end andre
mildere end andre og mig selv
ser hvordan jeg gerne vil forandre
mig og hele verden uden held
Ser hvordan jeg gerne vil forandre
mig og hele verden uden held

Du som dømmer mildere end andre
ved hvordan det er at blive dømt
hører tavs en falden verden klandre
dig for stort og småt du har forsømt
Hører tavs en falden verden klandre
dig for stort og småt du har forsømt

Du som dømmer mildere end andre
stiller også meget større krav
peger ud den vej som jeg skal vandre
følge Jesus hvert et åndedrag
Peger ud den vej som jeg skal vandre
følge Jesus hvert et åndedrag

Du som dømmer mildere end alle
tæller ikke grådigt mine fejl
Når jeg snubler og er ved at falde
viser du mig kærlighedens spejl
Når jeg snubler og er ved at falde
viser du mig kærlighedens spejl

Du som dømmer mildere end andre
tak fordi du valgte korsets vej
Hjælp mig ta mit kors på ryg og vandre
på den vej du peger ud for mig
Hjælp mig ta mit kors på ryg og vandre
på den vej du peger ud for mig

2020

12. Beklager, Gud, jeg er langt værre end jeg tro'de
Jeg havde set mig selv som bedste blandt de gode
Nu står jeg blank og rystet, tænk at jeg ku' synde
og helt bevidst, hør, Gud, hvordan skal jeg begynde

Du husker godt hvordan kong David for at vinde
sin Batseba en plan for manden måtte finde
så han ku' dø, han satte ham så nær ved fjenden
at som et frø han kunne blæses væk af vinden

Bekender, Gud, med mig er det omtrent det samme
Jeg valgte fejl, min godhed er gjort helt til skamme
Den er til grin, ja faktisk til at græde over
Du ser det, Gud, jeg ved en hyrde aldrig sover

Begå en fejl, det sker vel også for den bedste
men ikke dét: at svigte overlagt sin næste
det har jeg gjort, jeg valgte frit min egen lykke
og sket er sket, den sag skal ingen sjæl besmykke

Nu står jeg her, fortryder dybt og be'r om nåde
begynder svagt at tyde kærlighedens gåde
i Jesu ord: 'er ikke kommet for at kalde
retfærdige, men syndere,' ja, mig og alle

2019

13. Forlad mig, Gud, min rastløshed
mit hjertes troløse klapren
min munds vilkårlige plapren
min manglende sans for evighed
min manglende sans for evighed

Luk døren til mit kammer i
og tyd mig skriften på væggen
ja tyd mig skriften på væggen
Lad dødsenglen gå min dør forbi
Lad dødsenglen gå min dør forbi

Løft staven Gud og gå foran
forbarm dig over os stakler
og hold i hånd når vi vakler
Giv kræfter og mod, vi tror du kan
Giv kræfter og mod, vi tror du kan

Lad troen vokse til et træ
med grønne blomstrende grene
hvor ikke én er alene
hvor Kristus er lys og liv og læ
hvor Kristus er lys og liv og læ

Jeg stikker roden dybt derned
hvor håb og kærlighed findes
hvor al oprindelse mindes
Forbarm dig og giv os liv og fred
Forbarm dig og giv os liv og fred

2020

14. Som døre åbner og lukker
som vinden hvisker og sukker
river vandet stenene med
siver tiden i sandet ned

Som blade grønnes og falder
som småbørn rammes af alder
puster kvinden lysene ud
smækkes porten som lyd af skud

En dag står hverdagen stille
på ryggen ligger en bille
natten venter ikke på dag
regnen buldrer på tordentag

Et lynnedslag i en elmast
et liv man regnede landfast
driver frit og rådløst omkring
ord betyder nu ingenting

Tænd ild, tænd ild i din fakkel
nu gælder kun et mirakel
Held få den der følger sin pligt
kærligheden vil gro på sigt

Og læs den gamle historie
om ham der kasted sin glorie
Dér er Ånden sikkert og vist
Stol nu trodsigt på Jesus Krist
2023

15. Kirken er ikke en klub for de fromme
hyggeligt skærmet mod sæders forfald
glad proklamerende selvgode domme
næsten som om hykleri var et kald
Fri os for fusk
lethed og lusk
gør os til levende løv på din busk

Kirken er ikke en klub hvor man råber
billige slagord om synd og om død
ikke et drivhus for sinker og tåber
bange for ægte problemer og nød
Lad os ta del
i verden hel
så vi bevarer gudsordets juvel

Kirken er arme og ben og organer
Kristus i verden, hans ånd og hans krop
Kirken bekræfter Guds rige og baner
vejen for Jesus der aldrig gi'r op
Løs vores bånd
tag vores hånd
led os til livet og fyld os med ånd

Du som udvalgte de tolv til disciple
selv om de havde en tvivlende tro
Ud af den tro det begyndte at pible
spire og grønnes og vokse og gro
Gør det igen
underets ven
skab os fra bunden igen og igen

2016

16. Et rum til at søge det sande
det skønne, ja godheden selv
en åbning i hjerte og pande
til visdommens kilde og elv
et møde - ansigt til ansigt -
med Kristus, din hemmelighed
det ber vi dig, Gud, om at give
din søgende menneskehed

At lytte, at handle, at svare
at mødes i åben respekt
at dele sin tro og forklare
i ærlighed, aldrig fordækt
er kaldet, det vil vi følge
og mesteren selv vandrer med
den Gud der har hjerte for alle
og elsker sin menneskehed

Hvor troen blir delt, sker mirakler
Gud øser sin Hellige Ånd
i strømme til tørstige stakler
og løser de snærende bånd
så falske billeder blegner
Forsoningens Gud træder frem
og nedbryder mure der skiller
og byder os velkommen hjem

Nu ber vi dig, Gud, lad os vandre
med lyttende nænsomme skridt
og villighed til at forandre
os selv når vi elsker for lidt
Vær du vor faste forankring
vort hjerteslags bankende tro
så godhedens rige må komme
det sted hvor vi sammen kan bo

2022

17. Vi søger i det skjulte og det dybe
en enhed og en sfærisk harmoni
en hule hvor vi famlende kan krybe
i ly til lyden af en melodi
vi helt har glemt, men hører tavst i drømme

Vi spejder imod tabte horisonter
i mindets hav og kaster ekkolod
i oldtidsgrave og i pergamenter
som højkulturer gavmildt efterlod
og håber at få bid i rørte strømme

Vi søger i naturens grønne tempel
forundres over myg og admiral
og edderkop med kors på ryg som stempel
og ser en økologisk katedral
hvor vind og vand og dyr er et orkester

Vi spejder ind i kroppens mange celler
og hører molekylesymfoni
Hormoner signalerer og fortæller
på kemisk: 'Kom i gang!' og 'Nu forbi!'
Vi bøjer os for underværkets mester

Refleksion
Guds spejl – menneskers spejl
Havets flade – kildernes kilde
Dybeste brønd – klareste vand
Jesus, min bror
Kristus, Guds inkarnation
2018

18. Ingen skal være alene
Alle skal synges i søvn
Alle skal lege med balloner
Ingen skal mangle et kælenavn

Ingen skal spise grønlangkål
Alle ha mælkeskæg
Alle må spise desserten først
Ingen skal tvinges til middagslur

Alle må rode på gulvet
Ingen skal rydde op
Ingen behøver skifte strømper
Alle må vælge den bedste bil

Alle må spille på guitar
Alle må danse omkring
Ingen skal sidde i et hjørne
Ingen skal kede sig halvt ihjel

Alle må hjælpe hinanden
Ingen skal kaldes en tøs
Alle må få en kattekilling
Alle må fodre den grå kanin

Alle må elske hinanden
Ingen skal være glemt
Alle skal ha en bjørnekrammer
Ingen skal kaste den første sten

2019

19. Tale er sølv – tavshed er guld
himlen af visdom og indsigt er fuld
Hvad var der før – alt hvad vi ser?
Gud lægger ho'det på skrå, og han ler

Tavshed er sølv – tale er guld
Ordet fra Gud lod sig plante i muld
kom til sit folk, evigheds tolk
snittede hjerter med kærligheds dolk

Kærligheds ånd – spreder på jord
frø af den plante der hedder Guds Ord
puster som barn til mælkebøtbold
frø bli'r til liv og til liv mangefold

Evigheds Gud – tre og dog én
dig være pris, du er hellig og ren!
Og du er her – allermest nær
favner din skabning præcis som jeg er

2012

1. Du lever

Merete Bandak 2016 | *Torsten Børbye Nielsen 2016*

2. Go' morgen, by

Merete Bandak 2019 *Torsten Borbye Nielsen 2019*

3. Fortroligt

Merete Bandak, 2023 *Torsten Borbye Nielsen, 2023*

11
G D/F♯ Em7 A9/G D/F♯ D Em6/G F♯(sus4) F♯ Bm A/C♯ D G6
as - tro - fy - sisk hil-sen fra din him-mel Tag nå-digt mod min munds ord her-re
p
2
16
A F/A♯ Bm E A D/F♯ G A Bm Em7 A7 D
Gud og mit hjer - tes tan-ker Du er min tryg-ge klip-pe-grund, mit an - ker

4.a Gud, giv os ørenlyd

Merete Bandak, 2023 | *Torsten Borbye Nielsen, 2023*

4.b Gud, giv os ørenlyd

Tekst: Merete Bandak, 2023
Melodi: Arne Andreasen, 2023

5. Din kirke, Gud

Merete Bandak, 2023 *Torsten Borbye Nielsen, 2023*

6. Æsel, æsel

Merete Bandak, 2019 | *Torsten Borbye Nielsen, 2019*

7.a Træet står med nøgen krop

Tekst: Merete Bandak, 2013 | *Melodi: Phillip Faber, 2017*

7.b Træet står med nøgen krop

Tekst: Merete Bandak
Melodi: Merete Bandak
Arr.: Lena Maaløe

8. Jeg bringer frem i bøn

Tekst: Merete Bandak 2020 *Musik: Tørsten Borbye Nielsen 2020*

9. Forsinket, fordærvet

Merete Bandak, 2018 *Torsten Borbye Nielsen, 2021*

10. Gud, jeg flygter fra i går

Merete Bandak, 2020

Torsten Borbye Nielsen, 2021

11. Du, som dømmer mildere

Tekst: Merete Bandak

Melodi: Kristian la Cour

12. Beklager, Gud

Merete Bandak 2019 | *Torsten Borbye Nielsen 2019*

13. Forlad mig, Gud, min rastløshed

Merete Bandak, 2020

Torsten Borbye Nielsen, 2021

14.a Som døre åbner og lukker

Merete Bandak, 2023

Torsten Borbye Nielsen, 2023

14.b Som døre åbner og lukker

Tekst: Merete Bandak

Melodi: Astrid E. Maaløe

15.a Kirken er ikke en klub

Merete Bandak, 2016 *Torsten Borbye Nielsen, 2016*

15.b Kirken er ikke en klub

Tekst: Merete Bandak 2021
Musik: Erling Lindgren 2023

16. Et rum til at søge det sande

Merete Bandak, 2022 — *Torsten Borbye Nielsen, 2022*

17.a Vi søger i det skjulte

Merete Bandak, 2018 | *Torsten Borbye Nielsen, 2021*

17.b Vi søger i det skjulte

Tekst: Merete Bandak

Melodi: Astrid E. Maaløe

22
Krist - us Guds in - kar - na - tion.
26
Guds spejl, menneskers spejl. Havets fla - de, kildernes kil - de.
30
Dy - beste brønd, klareste vand. Je - sus, min bror. Kristus, Guds inkarna-
36
tion.

18. Ingen skal være alene

Merete Bandak, 2019

Torsten Borbye Nielsen, 2021

19. Tale er sølv – tavshed er guld

Tekst: Merete Bandak

Melodi: Kristian la Cour

Melodier

Torsten Borbye Nielsen, guitarist, kirkemusiker, komponist og ansat i Areopagos som præst med særligt fokus på spiritualitet, koncerter med trioen Tresafinado og det keltiske ensemble Vindens vej

Kristian La Cour, højskolelærer, Askov Højskole, visesanger og komponist af sange og salmer i Højskolesangbogen, DGI-sangbogen, 100 salmer og Kirkesangbogen

Phillip Faber, komponist og dirigent m.m.

Astrid Ellehøj Maaløe, musiker og komponist, projektmedarbejder i Lolland Kommune: Musik skaber trivsel for psykisk sårbare

Arne Andreasen, højskolelærer, kirkemusiker, komponist og digter, poetfabrikken.dk

Merete Bandak, ordkunstner i al beskedenhed

Illustrationer

Stig Weye, maler, Nysted. Har blandt andet udsmykket Grindsted Kirke. 'Studer mine billeder, og du vil kende mig bedre end jeg selv.'

Hjemmeside og kontakt

www.nyesalmer.org - mebandak@gmail.com

Salmeoversigt

1. Du lever
2. Go' morgen, by
3. Fortroligt slår du teltet op
4. Gud, giv os ørenlyd
5. Din kirke, Gud, er fællesskabets hjerterum
6. Æsel, æsel
7. Træet står med nøgen krop
8. Jeg bringer frem i bøn til dig
9. Forsinket, fordømt, fordærvet, forladt
10. Gud, jeg flygter fra i går
11. Du som dømmer mildere end andre
12. Beklager, Gud, jeg er langt værre end jeg tro'de
13. Forlad mig, Gud, min rastløshed
14. Som døre åbner og lukker
15. Kirken er ikke en klub for de fromme
16. Et rum til at søge det sande
17. Vi søger i det skjulte og det dybe
18. Ingen skal være alene
19. Tale er sølv – tavshed er guld